진짜 나는 누구일까?

Qui suis-je pour de vrai?
© Gallimard Jeunesse, 2019
Korean translation © Book's Hill, 2022

한 입 크기 철학 🔟

진짜 나는 누구일까?

초판 인쇄 2022년 4월 05일
초판 발행 2022년 4월 10일

지은이 필립 카베스탕
그린이 알프레드
옮긴이 손윤지
펴낸이 조승식
펴낸곳 돌배나무
공급처 북스힐
등록 제2019-000003호
주소 01043 서울시 강북구 한천로 153길 17
홈페이지 www.bookshill.com
이메일 bookshill@bookshill.com
전화 (02) 994-0071
팩스 (02) 994-0073

정가 9,000원
ISBN 979-11-90855-31-0
ISBN 979-11-90855-25-9(세트)

* 잘못된 책은 구입하신 서점에서 바꿔 드립니다.

Qui suis-je pour de vrai?
Philippe Cabestan
Dessins d'Alfred

필립 카베스탕 & 알프레드

진짜 나는
누구일까?

나는 누구? 너는 누구?
그들은 누구?

고대 그리스의 시인 호메로스 Homère가 쓴 《오디세이》 속 이 이야기를 한 번쯤 들어본 적 있을 것이다. 아내 페넬로페와 이타카로 돌아가는 긴 여정 중에 오디세우스는 어느 날 키클로페스가 사는 섬에 들른다. 그곳에서 키클로페스 중 하나인 폴리페모스와 마주쳤고, 이 무시무시한 괴물은 오디세우스에게 이름을 묻는다. "내 이름은 '아무도 아니다'요. 나의 아버지와 어머니, 나의 모든 동료들은 나를 '아무도 아니다'라고 부르오." 오디세우스가 대답했다. 이 번뜩이는 기지는 곧 오디세우스의 목숨을 구한다. 밤이 찾아오고, 오디세우스는 그의 수많은 동료를 잡아먹고도 만족할 줄 모르는 이 괴물의 하나뿐인 눈에 거대한 말뚝을 박아버렸다. 폴리페모스의 고통스러운 비명에 다른 키클로페스들이 달려와 누가 이런 짓을 저질렀는지 범인 찾기에 나섰다. "아무도 아니야." 폴리페모스의 대답에 키클로페스들은 고통에 몸부림치는 친구를 내버려두고 자리를 떠난다. 이처럼 단순한 말장난으로 오디세우스는 자신의 정체를 숨겨 죽음을 모면한다. 이제 안전하다는 것을 확인하자마자 오디세우스는 폴리페모스 앞에 다시 나타나 이렇게 말한다. "만약 누군가 네게 찾아와 네 눈을 이렇게 만든 자가 누구냐고 묻거든 이타카의 왕 라에르테스의 아들이자 이 도시의 파괴자, 바로 나, 오디세우스라고 일러라."

호메로스의 이 유명한 서사시는 우리에게 인간은 자신의 정체를 가지고 장난을 칠 수도 있고, 때때로 정체를 드러내지 않는 것이 신중하다는 것을 보여준다. 오디세우스가 폴리페모스에게 이름을 거짓으로 말한 함정에 괴물은 결국 무릎을 꿇고 만다. 이 이야기는 무엇보다 인간의 정체성은 이름으로 확립된다는 교훈을 전달한다.

나는 누구인가? 너는 누구인가? 당신은 누구인가? 그들은 누구인가? 이름(즉 어떤 사람의 성과 이름이나 국가명)은 이 질문의 대답이 될 것이다. 고유한 이름은 이 세계의 유일한 단 하나의 존재를 가리키며 다른 모든 사람들과 구별하는 기준이 되는데, 그 중요성에 대해 잘 모르겠다면 모든 사람을 숫자로 부르는 세상을 상상해 보라. 예를 들자면, 우리의 이름은 없어지고 주민등록번호로만 서로를 부르는 세상 말이다. 그렇다면 과연 이 세상은 여전히 인간적이라고 할 수 있을까? 한 존재의 정체성을 숫자로 치부해 부정하는 것은 너무도 모욕적이지 않은가?

한편 아이의 탄생을 기다리는 부모들이 갖는 주요 관심

사 중 하나는 같은 성을 가진 사람들과 다른 이름을 짓는 것이다. 이렇게 ==성과 이름은 한 존재의 인격과 정체성을 상징적으로 심어준다.== 마찬가지로 반려동물에게 이름을 붙이는 것 또한 그 동물에게 인격과 같은 맥락의 정체성을 부여하는 것이다. 디즈니 애니메이션 〈101마리 달마시안〉에 나오는 퐁고와 퍼디타는 단순히 로저와 아니타가 기르는 개가 아니라 마치 인간 세상의 부부처럼 보인다. 〈라이온 킹〉에서도 프라이드 랜드의 모든 동물들은 아기 심바의 탄생을 축하하지만 인간 세상의 이야기처럼 언젠가 왕위를 이어받고 싶었지만 그 꿈이 물거품이 되어버린 왕 무파사의 동생 스카만 조카의 탄생을 못마땅하게 여긴다.

신분증 좀
보여주시겠어요?

《오디세이》 속 이 이야기가 우리에게 주는 교훈은 아무도 아닌, 그러니까 익명의 존재가 된다는 것은 그리 쉽지 않다는 것이다! 아마도 그렇기 때문에 오디세우스도 더 이상 목숨의 위협을 받지 않게 된 그 순간 폴리페모스에게 진짜 자신의 정체를 밝힌 것일 테다. 그런데 오디세우스는 이름을 말하는 데서 그치지 않는다. 과거 자신의 업적(도시의 파괴자), 자신의 가문(라에르테스 왕의 아들), 심지어는 출신 지역(이타카)까지 전부 밝힌다. 오디세우스가 실명한 외눈박이 괴물 폴리페모스에게 내보인 것은 '신분증'이나 마찬가지다.

그렇다면 이러한 정보들을 통해 오디세우스가 누구인지 알 수 있을까? 이게 전부일까 아니면 또 다른 정보가 있을까? 오디세우스가 마지막에 밝힌 정체도 사실은 그의 진정한 모습을 감춘 '가짜' 정체는 아닐까? 다시 말해서 누군가의 정체를 알기 위해서 그의 이름, 출신, 과거 행적만 있으

면 충분할까?

신분증을 보면 '나'에 대한 다양한 정보가 적혀 있는 것을 알 수 있다. 성, 이름, 성별, 생년월일, 주소를 비롯해 증명사진과 뒷면에는 서명(대충 휘갈겨 쓴 것 같지만 남들이 쉽게 따라 할 수 없도록 일부러 특이하게 만들기도 한다)까지 있다.

신분증은 나에 관한 믿을 만한 정보일까? 먼저 몇 가지 정보가 주는 중요도에 조금 놀랄 것이다. 예를 들어 내가 남성이라는 정보를 왜 표기해야 하는 것일까? 심지어 다른 어떤 정보들은 아예 기입되어 있지도 않다. 여기에서 우리는 신분증이 개인의 모든 정보를 담지 못한다는 사실을 알 수 있다. 외모와 관련된 측면부터 이야기하자면 눈동자 색깔, 피부색, 발 크기, 치아 상태 등 더 많은 정보가 있을 수 있지만 아무 내용도 적혀 있지 않다. 정신적인 부분에서 이야기할 수 있는 특이한 성격이라든가 상처를 쉽게 받는다든가 도덕성이 조금 부족하다는 등의 내용도 없다. 사회적으로 봤을 때도 가족 구성이나 학위, 직업 같은 정보는 어디에도 적혀 있지 않다. 현재 내가 가지고 있는 신분증이 나의 정체를 밝히는 데 있어서 엄청난 오류를 야기하지는 않는다고 하더라도(물론 위조된 신분증도 충분히 있을 수 있다) 실질

적으로 다음 질문에 명확한 대답은 될 수 없다. "그래서 나는 누구인가?"

솔직히 말해서 신분증은 나를 대표하는 것도 아닐뿐더러 설령 나에 대해 전부 묘사하고 있다고 하더라도 나의 정체성을 결정하는 데 충분하지 않을 것이다. 기껏해야 신분증을 만들던 당시의 나의 모습에 국한될 것이고, 그마저도 지금으로부터 벌써 몇 년 전의 상태에 불과할 테니 더 이상 현재의 '나'를 표현할 수 없기 때문이다. 성과 이름이야 변함없겠지만 서명은 더 간결해질 수 있고, 얼굴도 조금 변할 수 있고, 무엇보다 신체 조건도 과거와 완벽히 일치하지 않을 것이다. 어렸을 때 찍은 증명사진만 봐도 지금의 모습과 확연히 다른 점이 눈에 띌 것이다. 어쩌면 내가 나를 알아보기 어려울 정도로 외모가 완전히 달라졌을 수도 있다.

그러니 나의 존재를 조금 더 근본적인 차원으로, 즉 시간의 차원에서 생각할 필요가 있다. "나는 누구인가?"라는 질문을 스스로에게 던질 때 질문의 대상은 과거의 나일까, 미래의 나일까, 아니면 현재의 나일까? 아마도 대부분은 지금 바로 이 순간의 나라고 대답할 것이다. 하지만 시간을 가지고 깊이 생각해 보면 또 다른 답이 떠오를 것이다. 단순히 지금의 나에 대해서가 아닌 과거의 나, 현재의 나, 미래의 나를 동시에 생각하게 될 것이다. 다시 말해 나는 누구인가? 스스로에게 질문했을 때 살면서 다양한 변화를 겪은 나의 모습을 알고 싶을 것이다. 얼굴에 팬 주름이 얕은지 깊은지, 살이 쪘는지 빠졌는지, 얼굴 표정이 우울한지 더 현명해졌는지 이런 것들은 중요하지 않다. 나는 누구인가? 이렇게 질문하면서 외모적으로나 정신적으로나 변화가 있었어도 늘 중심을 지키고 있었던 내 인격의 핵심을 찾게 될 것이다.

무엇이 내가
누군지 말해 줄까?

　　　　　　　물어보기에는 아주 간단하지만 대답하기에는 어려운 질문이 있다. '나'란 무엇일까? 내 인격의 토대이자 내 삶에 변화가 있어도 한결같은 '나' 또는 '자아'란 무엇일까?

　데카르트 Descartes 는 17세기에 집필한 그의 저서 《제1철학에 관한 성찰》에서 제2성찰의 앞부분에서 이와 같은 질문을 한다. 데카르트는 '방법적 회의'를 통해 이전에 그가 제시했던 의견에 의문을 제기하고 "나는 생각한다, 고로 존재한다"는 것을 결코 의심할 수 없는 진리로 확신해 철학의 제1원리로 정립한다. 존재의 본질에 질문을 던짐으로써 '생각한다' 는 것은 곧 '의심하고, 사유하고, 확신하고, 부정하고, 원하고, 원하지 않고, 상상하고, 느끼는 것'이라 주장한다. 형이상학적 관점에 따르면 나는 존재이며, 생각하는 존재이고, 고로 나의 본성은 생각하는 것이다. 의심하고, 사유하고, 확신하는 것… 이 모든 과정은 내가 생각하는 과정에서 나타나기도, 사라지기도 한다.

나는 누구인가? '생각하는 존재'다. 그렇다면 이것이 우리가 찾던 답일까? 단언컨대 정답이 아니다. 내가 누구인가에 대한 질문은 내가 발견하고자 하는 내 존재의 본성, 모든 인간에게 공통된 본성을 묻는 것이 아니다. 내가 누구인지, 즉 다른 사람들과 나를 다른 존재로 만드는 것을 찾는 것이다. 그 유일함 속에서 나의 인격을 발견하길 원하는 것, 선천적이든 후천적이든 인격 형성에 결정적인 역할을 하는 것들의 총체를 추구하는 것이다. 내가 똑똑한지, 사회적인지, 자신감이 있는지 등을 알고자 하는 것처럼 말이다. 나는 누구인가? 사실 이 질문에는 또 다른 질문이 숨어 있다. 철학적인 질문으로서 "나의 본성은 무엇인가?"의 의미도 있지만, 심리학적 질문으로서 "나를 타인과 다른 존재로 만드는 것은 무엇인가?"의 의미도 있다. 바로 이 두 번째 의미의 질문이

개인의 삶과 인격에 대한 것이며, '나' 그리고 '자아'에 관한 특성의 총체를 끌어내려 하는 것이다. 예를 들어 나는 상대적으로 게으르고, 그리 미식가는 아니며, 살아가는 기쁨을 느낀다고 말할 수 있다. 그런데 만약 그게 내가 아니라면 누가 나에게 그것을 말했을까? 쉽게 말해서 나는 내가 누구인지 어떻게 알 수 있을까? 그 첫 번째 답은 이렇다. 게으름, 식성, 기쁨 같은 것들은 나의 자아를 나타내는 특성들이자 자기 성찰을 통해, 즉 스스로 나를 관찰해 발견한 사실이다.

그런데 과연 나는 내가 가진 장점과 단점에 대한 자기 평가를 충분히 공정하게 했을까? 아무리 오래전부터 나를 봐왔고, 나에 대해 잘 알고 있는 가까운 친구에게 물어본다고 하더라도 나에 대해 전부 알지 못한다. 항상 같은 모습만 보여주지 않으니까. 따라서 평가의 객관성을 의심하는 것은 당연한데다, 친구가 나에 대해 생각한 것을 있는 그대로 전부 밝히는 것도 불가능하다. 차라리 잡지에 실린 성격 테스트 질문에 고민해 가며 답을 해보고 자신을 평가하는 게 나을 수도 있다. '애정도 테스트'의 질문 항목에 내가 답한 내용을 살펴보면 과연 나는 사랑에 있어 절제하는지, 수줍은지, 용기가 있는지, 대범한지 알 수 있을 것이다.

우리는 존속할까,
존재할까?

나는 누구일까? 데카르트는 나는 "생각하는 것이다"라고 말한다. 그런데 어딘가 이상하지 않은가? 데카르트는 어떻게 사람인 나를 사물에 비교할 수 있을까? 어떻게 인간계의 양상과 사물계의 양상을 비슷하다고 여기고 나를 생각하는 물질로 정의한 것일까?

현재의 우리와 조금 더 가까운 20세기 독일 철학자 마르틴 하이데거Martin Heidegger는 반대로 실존하는 인간과 존속하는 사물이라는 본질적인 구분을 짓는다. 왜냐하면 인간은 시간에 구애를 받는 존재이기 때문이다. 나의 존재는 항상 과거와 미래와 연관되어 있다. 존재한다는 것은 미래에 계속해서 나의 존재가 투영된다는 것을 의미한다(약속을 잡기 위해 친구에게 메시지를 보낸다거나 베를린 행 티켓을 구매하는 것이 그렇다). 또한 존재한다는 것은 나의 어깨를 무겁게 짓누르는 과거의 사건과도 연결되어 있다(지난해 소중한 존재를 잃고 그 슬픔을 이겨내야만 했던 경험이 그것이다). 프랑스 철학자 장 폴 사르트르Jean-Paul Sartre는 그의 저서인 《존재와 무》에서 존재라는 것은 나의 앞과 뒤에 있는 것이라고 말한다.

그렇기 때문에 두 정체성의 차이를 구분할 필요가 있다. 좀 전에 보았던 어떤 사물을 다시 보면 사물의 모습은 동일하다. 잃어버렸던 휴대전화를 찾으려 뒤적이다 침대 머리맡에서 찾았다고 생각해 보자. 휴대전화는 놀라울 정도로 잃어버리기 전과 다시 되찾은 후의 모습이 똑같다. 같은 모델의 다른 사람의 휴대전화가 아니라 나의 SIM 카드도 잘 꽂혀 있고, 내가 설정한 비밀번호도 그대로이고, 주소록 속 연락처도 모두 내 것이다.

데카르트는 사물의 정체성(또는 물질적 정체성)을 논하기 위해 밀랍에 열을 가해 그것을 녹여 액체로 만든다. 녹아버린 밀랍은 고체 상태에서 가졌던 단단한 속성은 잃었지만 여전히 같은 밀랍이다. 여기서 알 수 있는 사실은 밀랍의 정체성은 형태에 변형이 있더라도 동일하다는 것이다. 물도 마찬가지다. 액체 상태든 고체 상태든 기체 상태든 물의 정체성은 동일하다. 동일한 사물의 다른 자연적 상태에 따라 변형되는 것이다. 20세기 프랑스 철학자 폴 리쾨르Paul Ricœur는 사물의 이러한 최종적이고 고정된 정체성을 '자체 동일성'이라고 말한다(여기서 '자체'는 '같음'을 의미한다).

인간의 정체성은
역설적일까?

　　　　　　그러나 인간의 정체성은 사물과 다른 개념으로 이해해야 한다. 물론 우리는 타인을 대상화하는 경향이 있다. 타인을 하나의 물체처럼 여기는 것이다. 예를 들어보자. 어느 날 나는 길에서 우연히 로라를 만난다. 오랜만에 만난 로라의 모습은 전과 다르다. 긴 머리를 짧게 잘랐기 때문이다. 하지만 나는 조금의 망설임도 없이 로라를 알아본다. 나의 오랜 친구인 로라가 확실하다. 다시 말해서 로라의 외형상 모습이 변했다고 하더라도 여전히 같은 사람이다. 헤어스타일의 변화는 로라를 알아보는 데 아무런

방해가 되지 않는다.

　그런데 만일 내가 한 인간으로서 로라를 파악하려 한다면, 어떤 의미에서 그녀가 여전히 같다고 말할 수 있을까? 다른 인간과 마찬가지로 로라 역시 계속해서 미래로 향하는 존재이기에 지금 이 순간의 로라일 뿐이고, 과거의 로라로 돌아갈 수는 없는 존재이니 말이다. 한 시간 동안 로라가 의자에 가만히 앉아 있다고 했을 때 현재의 로라는 더 이상 한 시간 전의 로라가 아니다. 하지만 만약 누군가 로라에게 한 시간 전부터 앉아 있던 사람이 맞느냐고 묻는다면, 로라는 그렇다고 대답할 것이다.

인간 정체성의 역설이 바로 여기에 있다. 지금의 나는 더

이상 과거의 나가 아니다. 하지만 과거의 나는 계속 남아 있다. 어떻게 보면 부조리하고, 상식에 반하는 명제라고 여겨질 수도 있다. 논리적이지 않은 데다, 정체성이란 한 사물의 있는 그대로를 말한다는 정체성의 원칙에도 반하는 명제이기 때문이다.

그렇다면 어떻게 나는 한 사물이 될 수 있고 또 아닐 수 있을까? 답은 질문에 숨어 있다. 우선 나는 '하나의' 사물이 아니다. 인간의 정체성은 사물의 정체성과는 다르다. 얼핏 들으면 잘 이해가 가지 않지만 인간 정체성의 개념은 상식으로 접근할 수 있다. 만약 에티엔이 열 살 생일 선물로 아버지에게 받았던 시계를 내가 훔쳤다는 사실을 수년이 지나서 알고 나를 비난한다면, 누군가는 이미 지난 일이라고 말할 수도 있다. 도둑맞은 아이와 도둑질한 아이는 과거에 속하는 존재다. 하지만 그렇다고 과거에 시계를 훔쳤던 나를 절대 내가 아니라고 말하는 것은 자기기만이다. 아이였던 나와 어른이 된 지금의 나, 즉 과거의 나라는 존재와 현재의 나라는 존재 사이에는 연속성이 있다는 것을 스스로가 알고 있기 때문이다.

미래도 마찬가지다. 아직 나는 미래의 내가 되지 못했지만 현재의 나라는 존재와 미래의 나라는 존재 사이에는 연속성이 있다. 그렇다면 나는 아직 내가 되지 못한 존재다. 한 가지 예를 더 들어보자. 클로에는 조금 전 내게 한 말을 그녀의 남편인 그레고리에게 하지 말 것을 당부했고, 나는 그러지 않겠노라고 약속했다. 앞으로 나는 무슨 일이 있어도 그 약속을 지킬 것이다. 현재의 나는 과거의 내가 뱉은 말을 미래의 내가 지킬 것이라 스스로에게 약속한다. 그런데 내일이 되고, 만약 내가 클로에의 비밀을 그레고리에게 발설한다면 클로에는 약속을 어긴 현재의 나를 비난할 것이다. 비록 과거에 클로에와 약속했던 나는 더 이상 지금의 나와 같지 않지만(내가 했던 말을 저버렸기 때문이다) 그때의 나와 여전히 같은 존재다.

이처럼 인간 정체성을 규정하기 위해서는 내면의 연속성을 고려하는 동시에, 주체가 가진 시간적 속성과 관련된 불확실성 또한 고려해야 한다. 어떤 것도 미래에 우리가 행동할 방식을 미리 규정하지 못한다. 자기 자신이란 언제나 예측 불가능하다. 그래서 리쾨르는 사물의 '자체 동일성(주체에 대해 고정되고 종결된 정체성)'과 인간의 '자기 동일성(유동적이고 열린 정체성)'을 구분하는 것이다.

바늘 도둑이
소 도둑 된다?

어려서부터 흔히 들어온 이 속담 속에는 우리 존재의 근본적인 또 다른 차원이 숨겨져 있다. 나는 약속을 하면 그것을 지켜야 한다는 의무가 주어진다는 것을 잘 알고 있다. 하지만 약속을 어기게 될 수도 있다. 그렇게 된다면 그것은 우연일 경우가 많다. 약속을 지키는 것은 순전히 나, 그리고 나의 자유에 달려 있으니 말이다. 이 말은 즉 '나라는 것'은 내가 되기로 결정하는 모습에 달려 있다는 말과 같다. 나는 누구인가? 나는 믿을 만한 사람인가 그렇지 못한 사람인가? 나의 존재는 시간과 우연에 구애받기 때문에 더 이상 '그때의 나'가 아니라고 (물론 내가 그때의 나를 잘 알고 있어도) 말할 수 있을 뿐만 아니라 앞으로 나는 '지금의 나'가 아닐 수도 있을 것이다. 내가 누구인지는 자유로운 나의 선택에 따라 결정되기 때문에 다른 모습의 나를 선택할 수도 있는 것이다. 더 쉽게 이해하기 위해서 연속적인 행동이나 활동, 경향, 나아가 나의 성적 지향에 대해서도 생각해 보자.

나는 어렸을 때 에티엔의 시계를 훔쳤다. 이 나쁜 행동이 나를 도둑으로 취급하기에 충분한가? 과거에 시계를 훔쳤기

때문에 나는 도둑인가? 그럴 수도 있고 아닐 수도 있다. 시계를 훔쳤으니 에티엔을 비롯해 이 사실을 알고 있는 모든 사람들에게 나는 도둑이다. 그 낙인은 앞으로 평생 나를 따라다닐 것이다. 그런데 너무 부당하지 않은가? 아주 오래전 일이고, 그 이후로 단 한 번도 남의 물건을 훔치지 않았다면 말이다. 다시 말해 잘못된 나의 행동에서 벗어나 앞으로는 정직하게 속담 속 바늘 도둑이 소 도둑 되지 않도록 올바르게 달라진 나의 모습을 내가 선택했다면 말이다. 그런데도 여전히 나를 도둑 취급한다면 너무하지 않은가?

우리는 여기서 충돌하는 두 가지 정체성을 발견할 수 있다. 나를 도둑이라고 말하는 에티엔은 나에게 사물이 가진 고정된 정체성을 부여한다. 지금이나 앞으로나 에티엔에게 나는 쭉 도둑이다. 하지만 자유로운 주체로서의 나의 정체성은, 물건을 훔친 적이 있지만 앞으로 그러지 않기로 결심했고 내 존재의 연속성을 고려할 때 도둑질을 했던 나는 더 이상 도둑질을 하지 않는 나다. 나는 물건을 훔쳤지만 그것이 나에 대한 절대적인 평가는 될 수 없다. 에티엔에게도 마찬가지다. 어린 에티엔이 실수를 저질렀다고 해서 그것으로 모든 행동의 결과를 단정할 수는 없다.

이번에는 나의 직업에 대해서도 생각해 보자. 나는 누구인가? 선생님이다. 어떤 의미에서 선생님일까? 과거에는 잠깐 시계 도둑이기도 했었지만 오래전부터 학생들을 가르치고 있고 앞으로 몇 년은 더 교육활동을 하길 원한다. 어떤 사람들은 나의 말투, 옷차림, 취미생활, 휴가 계획 같은 나와 관련된 모든 것이 선생님으로서의 내 모습을 배신한다고 말한다! 여기서 분명한 것은 나는 '자체 동일성'의 정체성으로서 선생님이 아니다. 과거부터 계속 선생님이었던 것도 아니며, 은퇴하고 나면 더 이상 선생님일 수도 없다. 나의 활동도 마찬가지다. 24시간 내내 학생들을 가르치지는 않는다. 영화관에 가거나 휴가를 떠나거나 친구들을 만나는 순간에 나는 선생님이 아니다.

결국 **선생님이라는 직업의 기능은** (학생, 정육점 주인, 군인 등 다양한 직업도 마찬가지로) **내가 마주하는 사회적 역할이다.** 학생들 앞에서는 선생님으로서의 나의 역할을 수행한다면, 집에서는 아빠로서의 역할을 수행한다. 그렇기 때문에 나의 세 자녀에게 마치 내 학생들을 대할 때와 동일한 말투로 말하지 않는다. "나는 선생님이다"라고 말하는 것은 아주 단순하게도 내가 가르치는 일을 직업으로 선택했다는 것을 의미할 뿐 나의 본질에 대해 말하는 것은 아니며, 직업활동을 하면서 선생님으로서의 역할과 그 기능을 수행하고 있음을 의미한다.

나는
이성애자일까?

이번에는 성 정체성에 대해 생각해 보자. 나는 내가 비교적 이성애자라고 생각한다. 그런데 성 정체성이라는 개념도 앞서 살펴본 '과거에 도둑질했던 나'와 같은 맥락으로 생각해야 할까? 아니면 그보다는 훨씬 더 깊숙이 내 안에 내재된 것으로, 그러니까 선천적으로 나는 이성애자라고 생각해야 할까? 우리가 이성애자거나 동성애자라는 사실은 이처럼 명확할 수 있는 것일까?

동성애를 동일한 성별의 사람과 육체적 관계를 맺는 것으로 규정하고, 이성애는 다른 성별의 사람과 육체적 관계를 맺는 것으로 규정해 보자. 그런 다음 이렇게 가정해 보자. 나는 이제껏 이성과만 육체적 관계를 가졌고, 그렇기 때문에 동성과 육체적 관계를 맺는 것은 상상조차 할 수 없다. 그러므로 나는 이성애자고, 나의 성 정체성은 최종적이다. 그것이 자연의 질서다.

그렇지만 사실 성 정체성에 대해서는 어떤 것도 최종적이지 않다. 그저 존재의 조건일 뿐이고, 시간이 지난 뒤 훗날 나는 동성애자였다거나 또는 아니었다고 말할 수도 있다. 나의 성 정체성에 대해 이성애자로 단언한 후 그것을 의심해 본 적은 없는가? 내가 만들어낸 인공적인 정체성일 수도 있고, 내가 나 자신을 속였다고 생각한 적은 없는가? 사르트르가 말한 '자기기만'처럼 말이다.

그렇다면 도둑질이나 직업적 역할 수행과 마찬가지로 나는 이성애와 동성애를 선택할 수 있을까? 만약 성 정체성이 유전적인 것이 아니라면, 또 이성애와 동성애를 결정하는 유전자가 존재하지 않는다면, 우리 사회의 지배적인 표준적 관념이 이성애이기 때문에 이러한 사회적 요구에 굴복해 이성애자가 되기로 내가 선택한 것은 아닐까? 그러나 여기서 한 인간의 성 정체성을 전적으로 그의 자유 영역으로 치부하는 것은 그리 옳지 않다. 성적 지향이라는 것이 인간의 자유 영역에 속하기 이전에, 세상에 태어나자마자 그리고 사춘기 훨씬 이전에 마치 한 아이가 어렴풋이 다른 성보다 같은 성에 이끌리는 것일 수도 있지 않은가? 이런 관점에서 내가 그림이나 승마 또는 거짓말에 대한 재능을 재량껏 선택할 수 없는 것과 같은 이치로, 나 스스로 동성애자가 되기로 선택할 수는 없다. 따라서 성 정체성이란 내재된 성격이자 출생과 함께 주어지는 일종의 경향과도 같다.

20세기 초, 정신분석 이론의 창시자인 지그문트 프로이트Sigmund Freud는 동성애는 타고나는 것이 아니라 획득하는 경향이며, 오이디푸스 콤플렉스의 해결 과정 속에서 겪는 혼란과 관련이 있다고 말한다. 하지만 설명할 수 없는 것을 설명하려 애쓰기보다는 성적 지향의 수수께끼 같은 특성을 그대로 보존하는 것이 더 현명할지도 모른다. 누군가의 정체성의 내적 영역을 알아차리는 것이 곧 그 주체가 자신의 자유를 잃는다는 것을 뜻하지는 않는다. 정체성이 자유를 제한할 수는 있겠지만. 예를 들어 내가 연극에 재능이 있다고 해서 내 삶 전체를 반드시 무대에 쏟아내야 하는 것은 아

'그렇지만 난 남자인걸요...'
"뭐, 세상에 완벽한
사람은 없잖아요!"
영화 〈뜨거운 것이 좋아〉
대사 중에서

니다. 마찬가지로 여성이나 남성에 이끌린다는 사실이 내 정체성을 최종적으로 고정하는 것도 아니다. 나라는 주체는 성향에 대한 여러 가지 판단(정상적이다, 관심 없다, 부끄럽다, 병적이다, 중대하다, 참을 수 없다 등)에 따라 가능한 한 다양한 방법으로 그것을 받아들일지, 거부할지 선택할 자유를 갖는다.

카페 웨이터, 통합주의자, 진정한 프랑스인이라는 것은?

인간이 아무리 그렇게 되기 위해 노력한다고 해도 사물의 동질적이고 최종적인 정확한 정체성은 결코 가질 수 없다. 그렇기 때문에 인간은 늘 무엇인가가 되고 싶은 욕망을 근본적으로 갖게 된다. 자신이 누구인지 정확하게 알지 못해 괴로워하기 때문이다. 이러한 근본적인 욕망은 때때로 대수롭지 않게 여겨지기도 하지만 간혹 열정적이거나 극적인 형태로 나타나기도 한다. 상대적으로 불명확한 상태는 비교적 경험이 적고 아직 역량을 전부 발휘하지 못한 청소년기에 더 강하게 나타난다. 잘 연마된 단단한 돌덩이 같은 어른들과는 달리 청소년들은 꿋꿋함과 정

체성을 빼앗긴 것처럼 보인다. 이러한 '매너리즘'을 이해할 수 있는 것은 아마도 나를 더 드러내기 쉬운 행동이나 옷차림, 특이한 단어들을 쓰며 말하는 말투일 것이다. 예를 들어 두 명의 청소년이 만났을 때 악수를 하기보다 서로 주먹을 부딪치며 "Yo!" 하고 인사를 나누는 모습을 상상해 보자. 어떤 청소년들은 일명 '패션 피플'이 된다. 유행하는 청바지를 입고 신발을 신는 것은 남들과 같은 옷차림을 하는 것인데도, 역설적이지만 청소년들에게 특별한 정체성을 부여하는 것 같다.

남녀노소, 부자와 가난한 사람들 할 것 없이 모두가 이렇게 정체성을 찾으려 한다. 그러다가 우리는 끊임없이 고정된 정체성(자체 동일성)이라는 환상에 유혹 당하고, 그것은 곧 개방적이고 유동적인 정체성(자기 동일성)으로 바뀐다. 인간은 아주 어렸을 때부터 여러 가지 태도를 취하고 또 그런 척을 한다. 사르트르는 《존재와 무》에서 이 욕망을 카페 웨이터의 행동을 예로 들어 설명한다. "웨이터의 행동은 빠르고, 과장되고, 정확하지만 급하며, 지나칠 정도로 열심히 일한다. (중략) 일을 즐기고, 또 재미있어 한다. 그런데 대체 무슨 역할을 하고 있는 것일까? 그것을 알아채기까지는 그리 오래 걸리지 않을 것이다. 그는 '카페 웨이터' 역할을 하고 있다. (중략) 그는 자신의 몸으로 직접 그 역할을 탐색하고 조사하며, 필수 조건 대로 역할을 수행한다." 여기에서 그를 특징짓는 행동은 역할을 너무 열심히 한다는 것이고, 카페 웨이터가 되기 위해 그 사회적 역할에 몰두하다 보니 마치 그의 본질적인 정체성이 카페 웨이터인 것 같다는 점이다.

카페 웨이터의 나쁜 믿음과 마찬가지로 서구의 카우보이들에게서 나타나는 내재된 마초 기질이나 어린 여자아이들의 여성성을 함부로 여기거나 하는 것도 고정관념적인 행동을 추구하다 보니 개인의 기질이나 특성을 잃게 되는 것이다. 즉 섹시하고 매력적인 바보천치 역할을 연기하면서 마릴린 먼로는 더 이상 마릴린 먼로가 아니라 남성의 욕구에 따라 조종 당하는 인형이 된 것이다.

그러므로 무엇인가 되고 싶은 의지도 더 위험한 결과를 초래할 수 있다. 비시^{Vichy} 정권(제2차 세계대전 당시 남프랑스 지역에 존속하며 자주성 없이 독일 나치 정권에 따라 움직이던 정권으로, 국호는 전과 동일하게 '프랑스'였지만 해외 망명정부인 '자유 프랑스'와 구분하기 위해 '비시 프랑스' 또는 '비시 정권'이라고 부른다—옮긴이) 시대의 프랑스인들을 생각해 보자. 유대인, 프리메이슨(18세기 초 영국에서

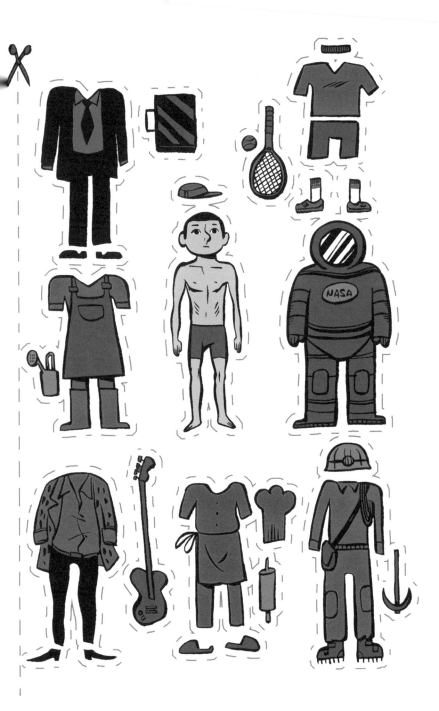

시작되어 세계시민주의 및 인도주의적 우애를 목적으로 하는 비밀 단체-옮긴이) 단원, 공산주의자, 일명 나치 독일의 적들을 제거해 신성하고 영원한 진짜 프랑스를 주창하던 사람들 말이다. 이러한 적대적 정체성은 이슬람교 또는 '난민 위기'에 직면한 오늘날에 다시 나타나고 있으며 우리에게 철학적 질문을 던진다. 진정한 프랑스인이란 무엇일까? 프랑스의 정체성은 존재하는가? 그러니까 프랑스인들의 사회·경제·정치적 삶에서 드러나는 전형적인 프랑스의 방식이 존재하는가? 프랑스 사회학자 페르낭 브로델Fernand Braudel에게는 의심의 여지가 없는 질문일 것이다. 비록 어떤 집단적 현실이었든지 간에 역사 속에서 그동안 프랑스가 변모해 온 범위 내에서 필연적으로 임시적이고 움직일 수밖에 없는 정체성의 특성을 명확하게 규정하기는 어렵겠지만 말이다.

아브라함 계통 성서의 종교(유대교, 기독교, 이슬람교)에서 나타나는 원리주의에 대해서도 생각해 보자. 원리주의란 일단 정해진 불가능한 정체성을 추구하며 모든 사람들에게 이를 표방하고, 구별된 확신을 얻기 위해 가장 엄격한 규율을 확대하는 것이다. 이러한 종교 원리주의자들에게는 진정한 유대인, 기독교인, 이슬람교인이 된 다음, 시간을 초월한

전형에 엄격히 부합하는 삶을 영위하는 것을 의미한다. 이들은 자기 종교의 정체성을 역사적 사실로서 일시적인 것이고 움직이는 정체성의 형태에 따라 존재할 수밖에 없다는 사실을 간과하고 있다.

집행유예 또는
위험에 빠진 정체성?

우리는 지금까지 도둑도 될 수 있고, 선생님도 될 수 있고, 이성애자도 될 수 있지만 사물의 성질에 따라 고정된 정체성과 인간의 정체성은 동일시 될 수 없다는 것을 확인했다. **인간의 정체성은 근본적으로 모순적이고 모든 것이 단 한 번 결정되는 것이 결코 아니며, 마치 집행유예에 놓인 것처럼 임시적이다.** 집행유예란 형법 용어로, 초범의 경우 유죄 판결 후 선고한 형을 그 즉시 집행하지 않고 미루어 주는 것이다. 즉 모든 것은 집행유예를 받은 죄인의 향후 모습에 달려 있다. 인간의 정체성도 마찬가지다. 우리는 자유롭기 때문에 우리의 존재도 결정되어 있지 않다. 우리가 누구인지 말을 해야만 비로소 우리의 정체를 알 수 있을 것이다.

그렇다고 해서 사르트르가 주장한 실존주의에서처럼 정체성이 나의 선택에 달렸다는 말은 아니다. 나는 나의 출생일, 출생지, 신체를 선택할 수 없으며 이것들은 모두 가능성(움직이는 것, 말하는 것, 아이를 갖는 것, 죽는 것 등)과 불가능성(동시에 다른 곳에 존재하는 것, 동시에 반대 방향으로 향하는 것, 60세에도 20세의 체력으로 달리는 것 등)의 근원이다. 마찬가지로 성 정체성처럼 내재적 영역에 속하는 성향들은 나의 자유와 무관하다.

우리는 누구인지, 사회적 환경이나 노동 조건, 제도처럼 우리로부터 기인하지 않은 것들은 무엇인지 이해할 필요가 있다. 따라서 생각하는 것, 행동하는 것, 나아가 완전한 내가 될 수 있을지는 결코 단언할 수 없다.

그래서 나는 누구란 말인가? 집행유예 상태에 놓인, 내가 살고 있는 환경에 따라 언제든지 변할 수 있는 정체성을 가진 자유가 아닐까?

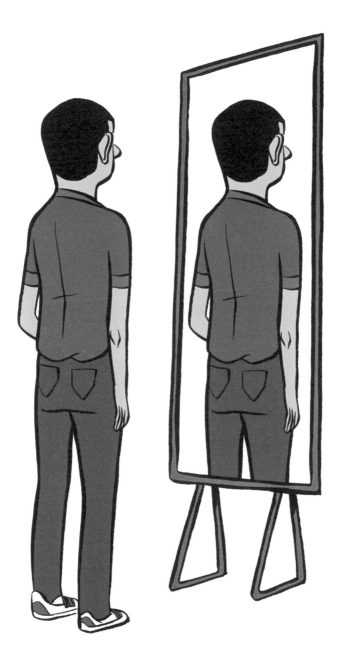